국립중앙도서관 출판시도서목록(CIP)

하늘 연못 : 김은수 시집 / 지은이: 김은수. -- 대전 : 지혜, 2014
p. ; cm. -- (지혜사랑 ; 106)

ISBN 978-89-97386-90-1 03810 : ₩9000

한국 현대시[韓國現代詩]

811.7-KDC5
895.715-DDC21 CIP2014010036

지혜사랑 106

하늘 연못

김은수

지혜

시인의 말

하늘 연못에게

참으로 큰 연못에서 산다
얼마나 행복한 물질을 하는지
가슴이 멎을 만큼 벅차게 산다

여든 명이나 되는 아이들
하나하나 개성이 다르고
키도 얼굴도 성격도 다른
아직 미숙해 보이는 녀석들

아비의 싸한 아림으로
한 번 더 안아 보고 싶은 맘
뒤로하고 떠나보내야 한다니
눈시울이 뜨겁다

행여 사랑하는 사람 만나거든
하늘 연못에서 즐겁고 행복하게
살아가라고 두 손 모아
내가 빈다고 꼭 전해 주렴아.

이천십사 년 사월 김 은수올림

차례

3부 민들레 봄을 연다

4부 여름 여자

5부 가을 편지

6부 겨울나무

7부 부메랑

8부 그냥 좋아서…웃지요

• 일러두기
한 연이 첫 번째 행에서 시작될 때는 > 로 표시합니다.

1부

하늘 연못

하늘 연못

보고 싶어 하늘을 본다
그리워 구름 타고 찾아가는 곳

절로 뚝뚝 떨어지는 설움
연못이 넘치면
비가 되어 나를 적신다

하늘 연못 참 크기도 하다
세상살이 모두 거기 있고
세상 얘기 사연들 헤엄치고 노는 곳

사랑할수록 깊어지고 넓어지고
사랑하기에 꽃들 숨 쉬고 노래하니
무지개다리 변함없이 내 맘속에 놓여있다.

숲의 교향곡

숲은
말 없는 오케스트라

다람쥐 훌쩍 담비 통통
산새들 재잘 옹달샘 퐁퐁
계곡 맑은 물 바위 듬직
바람 살랑 함박웃음 야생화
이른 새벽이슬은 반짝 초롱

하늘이 햇살 줄 그어 놓으면
구름은 외줄 타는 어릿광대
나도 몰래 엉덩이가 실룩실룩

숲의 교향곡이 시작되면
살며시 기어드는 얼룩무늬 숲길
그 길에서 어깨 춤추며 덩실대는
너와 나 그리고 솔바람 하늬바람

별똥무지개가 된 청개구리

팔조령 오르고 내리는 길엔
오늘도 큰 구렁이 한 마리 다녀갔다

저기 아카시아숲속에선 청개구리 기도소리
하늘엔 먹구름 천둥소리

님 부르는 드높은 목청 속으로 후득
하얀 향기 뿌리며 떨어지는 꽃비

그믐달은 간드러진 빗살에 못이기는 척
방구 새로 숨었네

노래하는 청개구리 하나 둘 팔조령 넘을 때
구렁이 아가리처럼 굶주린 자동차행열

청색심장이 터진 줄도 모르고
싸늘하게 식어가는 핏빛 비린내

흐느적 점박이가죽 땅에 질질 끌다가
고요를 가르는 한줄기 별똥무지개가 되었다

꽃을 보다가

흰 꽃을 보다가
파란 하늘 비둘기 되고
노오란 꽃 보다가
바다를 태우는 태양이 되고

밤이면 연못 속 달을 보다가
달그림자 달맞이 꽃피웠네

밤새 맺힌 이슬
풀잎 위에서 깔깔대다가
연못 속으로 풍덩
수련 한 송이 되었다.

금호강변에서

여름날 오후 해질녘쯤
빛을 발하던 강줄기 산허리 안고 휘돌아 가고

팔공산자락 홍당무 되어 얼굴 가리면
시원한 수양버들이 엉덩이를 살랑 흔들어 댄다.

숨차게 달리는 자동차 차창 너머엔 물고기들
산소가 모자라 동그란 입 떡 벌리고 퍼덕거리고

주검처럼 살수의 검광은 지나갔지만 저 만큼 팔공산 자락
데모진압대의 연막전술에 지워질 때쯤 바람 한줄기 분다.

은빛 물고기 떼들의 습격으로
먹구름 부셔져 내리면
푸득푸득 날아오르는 달과 별 금호강물 위에 앉는다.

요술램프

요술 램프 하나 살래요
무엇이든 담을 수 있는
황금빛에 눈 먼 세상만사
렌즈 속 인형처럼 낙인찍힌

보름달 잠든 사이
구름은 바람 타고
그리운 사람 창가에
달무리로 서성거릴 때

잊었던 사람 하나 둘
못다 한 일들 생각날 때면
램프의 거인은 램프 속
별자리 보자기 활짝 펼친다

철 지난 가을 들녘에 서라
그대 가슴 속 작은 이야기들
하늘 가득 쏟아져 내린다.

비 오는 날,
창을 넘어 가면

비가 오니
보고파 보고파서
누가
저리도 시리게 붉은 잎 되었나
푸르던 몸에 열병 나는 것이냐

그래
비라도 맞으면 식혀지려나
어젯밤
갈 달무리 이고 껌뻑이던 새벽이
눈물 뚝
떨구며 잿빛 손수건 보내왔지
이 비 맞으면
님의 체온 느껴지려나

오래 전
오늘 같은 날
창안의 더 넓은 문을 지나
끝없는 길을 걸었지
눈동자에 맺힌 영롱한 지혜를 탐닉하며

지금

녹색 잎들이 녹아 바다가 되고
빛에 탈색된 숱한 생채기들이
붉게 누렇게 익어가니
비 오는 날,
창을 넘어 가면
얼룩진 가슴 부비며
창문 속 또 다른 창을 연다
다시 또
끝없는 그 길을 가는 두 사람.

우리

우린 할 말도 참 많습니다
만나서 온 종일 주고받는 말
하루종일 맞잡은 두 손
허수아비처럼 한 손을 들고 있어도
한팔 무게를 왠 종일 걸치고도 기분 좋은

우리는
거울처럼 참 할 말이 많답니다
서로 마주하는 얼굴이 참으로 곱습니다
서로의 거울 속에 스며들어 서로를 탐닉하고
양심거울 앞에서 우리는 꼬옥 안고 하나가 되었습니다

어둠이 우리를 갈라놓아도 좋습니다
아쉬움과 안타까움에 뜸북새 뜸북거립니다
그리움의 시간이 다가옵니다
돌아서는 발자국 위로 귀와 눈, 손과 가슴, 맘과 맘이 눈물을 흘립니다
아무리 어둠으로 지워도 지울 수 없는 . 교감의 물감에 우리는 물이 들었습니다.

트집

멀쩡한 세상
유유히 흐르는 강물을
물꼬 막고 칼로 베면은
속 영근 석류
알이 굵은 밤송이
바람의 트집에 쩍쩍 길을 낸다.

바람길은 수천만 길
구름 모양 오만 가지
가지마다 꽃잎마다 트집 잡는
천방지축 개구쟁이 부끄럼쟁이

계절의 모세혈관에
가을 들녘 트집 내면
먼 산 노을 횃불 되어 산불 내고
해바라기 씨앗 검게 트집 내면
코스모스 꽃 그림자 길어진다

청산은 수줍어 낯붉히고
황금 들녘 농사꾼 트집은
해 저무는 줄 모른다.

뿌리가 된 바위

실바람 놀다간 바위틈에 어미가 알을 낳았네.

파란하늘 한쪽 떡갈구름 한 모금
향기로운 숲속 정원사의 고향노래

바람 부는 대로 눈비 오는 대로
천둥번개가 가슴을 치고 간데도

갈라진 살갗에 분처럼 메우고
깨진 살점에 부목이 되어
세월의 가슴앓이에 떠내려가지 않게
오늘도 내일도
바위는 뿌리가 되어 그 자리에 서있다.

2부

쥔손편손

쥔손 편손

손은 참 고마운 님이요
그 님을 신나게 마주하면 하늘은 비를 내린다

가다 보면 꽃도 꺾고
쉬는 동안도 싱싱한 풀 냄새를 맡는 콧구멍 둘 있고

온종일 뛰고 또 뛰면 발바닥만큼
선명해지는 노을을 만지작거리면

하루종일 거머쥔 손에서 김이 오른다
치열한 눈요기 감을 몇 개 건져 올렸나 보다

엉덩이를 뉘이면 손바닥이 웃는다
활짝 핀 금계국처럼 진한 문신을 본다

얼마나 쥐고 있나
얼마나 안을 수 있을까
밤하늘을 품은 편 손이 따스해진다.

숯

쉰 새벽
아궁이 속에서는
황홀한 화마의 불춤

팔다리 머리 다 잘려
몸통 하나뿐
타고 타서 검붉은 얼굴
이제는 하얗게 빛바랜
쩍 갈라진 굳은살과 옹이만
당당하던 아비 속정 숨기고 있네

해 그름
지친 발걸음 소리에
말없이 대문 열어 놓고
아궁이 속 화마는
마지막
불춤을 추고 있다

삼천 배

한 배 두 배
한 시간 두 시간

무릎 꿇고 두 손 모으고
허리 숙여 머리 조아리고
손바닥 내밀고 또 내민다

왜?
삼천 개의 땀으로 터져 나오는 오염
삼천 번 심호흡에 쓴 소리 토해내고
삼천 번 외는 염불로 심장을 채우고
삼천 번 독경에 마음을 비우는구나

헤매던 소원성취 풍경 속에 지워지고
오매불망 건강장수 목탁 속 공명되니
노승의 밝은 미소 문 틈새로 내비친다

주름살

주검의 계곡인가
세월의 낙인인가

가다가 쉬어가라고
뛰다가 멈춰도 보라고
줄을 친다. 걸려서 넘어지라고

아들이 걸고
손주가 걸고

굴렁쇠에 매단 반짝이처럼
가다가 풀리는 작은 매듭

그래서 가다가
훌쩍 바람 타고 사라지는 줄

볼링

굴려라

저기
열 개의 핀이 버티고 섰다
넘어뜨려야 하는 한 순간
공은 오직 하나 뿐
찰나의 순간을 놓치면
핀은 남는다

한 번의 기회
그것을 잡기 위해
오늘
모난 공을 굴리고 있다

굴리고 굴리다 보면
모 없는 공 하나
매끄럽게 굴러가는
내가 보인다.

빗금을 그어라

가슴에 멍이 들거든
하늘 높이 휙 던져라

팽팽해진 회색 구름
바늘로 쿡 찔러
소통의 빗물 쏟아 내면

아픈 가슴
말끔히 씻어내고
두 팔 벌려 하늘 한가운데 서서
허공을 향해

한 줄 빗금을 그어라.

삶

열 살 땐 열 개짜리
스무 살엔 스무 개짜리
서른 살에는 서른 개로 그림을 그렸지
마흔 살이 되어서야 아침을 맞추고
저녁을 끼워 넣을 수 있었다네
쉰 살이 되어 보니 그림 속엔 늘
한 조각이 없다는 걸 알았지

돌아서 보니
여태 맞춘 그림 속엔 언제나
하나가 모자라는 걸 알았네

환하게 웃고 있는 거울 속 퍼즐 하나

또, 오이소

오일장 의성 장터
또, 오이소
보고픈 사람
그리운 사람
기다리는 거기

구봉산 막걸리 한 잔 턱 걸치고
닭발 구이 한 접시 하니
구름도 구봉산 허리에 앉아 쉬는구나

가보자, 의성 장터
장날 점심은 보리밥 한 그릇
구수한 아지매 맘씨가 묻어나
한 그릇 더

돌아서는 타향 길에
또, 오이소
그 한 마디

간이역에 앉아서

깊은 산골에 살던 산새 한 마리
구름에 꼬드겨져 길을 잃고 말았네
들녘 지나 강을 넘어가다 또 가다가
두 갈래 철길 가지인 줄 알고 걸터앉았다

영수할매 철수할배
순자 업은 순영이 엄마도
장난꾸러기 영순이와 광팔이도…….
긴 벤치에 엉덩이를 깔고 기다린다

먼 산 구름은 산 등에 앉아 돌아올 줄 모르고
내가 앉은 이 길은 아직 쉴 만한 쉼터이더라

마중물

마음 속 아주 깊은 곳
바닷물에 억눌려 굳어버린 응어리
맑고 푸른 샘물이 된다

가뭄이 논을 갈기갈기 찢을 때
작은 구멍 뚫어 관 내리고
밀폐된 공기 압축해야 돼
그리고
있는 힘 다해 펌프질해봐

말라버린 맘속 깊은 곳
관심의 관 연결하고
쉼 없이 산소 불어넣어 봐
컥컥 대는 심장 불규칙한 기적 소리
이때
한 사발 마중물 쏟아 부어라

그대
갈라진 논바닥 한 모퉁이에는
언제나
마중물 한 사발 들고 서 있는 낮달 있다.

3부

민들레 봄을 연다

민들레 봄을 연다

겨울을 사랑한 가슴
멍이 들어
노란 꽃잎 피우고
며칠 봄빛에 즐거웠었네
오늘은 기도하는
깨알 같은 노랑 입술 다물고

봄바람 머문 자리
그 자리에 주저앉아
굳게 다문 밀실 안에 청 초록 스며들면
솜털 가득 너를 안고 훨 난다
구름 타고 바람 따라
민들레 봄을 연다.

웃고 있는 꽃길

실개천 노란 옷 갈아입고
들녘마다 봄바람 들꽃 피울 때
산을 메고 땅을 지키는
돌할아방과 할멈방 어깨 위에
새처럼 걸터앉아 조잘대며
웃고 있는 꽃길

미처 떠나지 못한 찬바람 한 줄기
꽃구름 안고 실개천 유영하면
묵은 뿌리 얼은 가슴 물꼬 트고
하늘 아래 숲실마을 꽃길 열린다

샛길에 핀 풍경화

춘삼월 신작로 빗금 그어
작은 샛길 터 산사 오르면
옹기 풀 종기 나무, 계곡물 벌 나비

남빛 하늘 드렁드렁
꽃길 속에 잠들 때면
비슬산 샛길마다 대견사지 염불 소리

몸 낮춰 귀 기울이면
맘은 분홍빛 참꽃 물들어
귓속 가득 흘러드는 맑은 풍경소리

아! 번뇌의 탈상은 이제부터다

비슬산 오르니

따스한 봄날 비슬산 오르니
꿈꾸던 옛 대견사지 일어나
정갈하게 천수경 들려준다

넉넉한 바다
밀물처럼 정을 뚝뚝 물어오는
뱃머리에 참꽃 리본 단장했으니

저어라, 저어 산꼭대기로
독수리 심장이 토하는 다정다감
손에 손 잡고 이산 저산 놀아보리라

선뜻
바람난 진달래 얼굴 붉히며 손을 내민다.

물이 오른다, 기다려

꽁꽁 언 발바닥 밑에서
뽀글 꿈쩍대는 소리 들려
땅속 깊이 박힌 말라버린 뿌리로
밀어 올리는 소통의 실핏줄이 요동친다

모세혈관 따라 치고 들어오는 온화한 미소
발가락이 모자라 두 팔 벌리며 고함치며 피어내는

하늘을 봐
지금, 물이 오른다, 기다려.

비슬산 유인화

참 아름다웠소 잠깐
그대를 만나기 위해 모든 화려함으로 치장하고
햇살에 물든 입술 사랑의 밀어로 유혹하였네

봄날 작은 기다림조차 오직 당신만의 몫인가
샐비어 향기만 남기고 사라지는 낙화일레라

바람 분다 언제나처럼
솔향처럼 사철을 두고 사랑할 순 없지만
찰나의 화려함으로 사랑을 유혹하고 계절의
부질없는 시샘으로 당신은 사라져 가네

먼 훗날 그대 꽃 피는 날
파란하늘 어디쯤에 날아오를
노랑나비 한 놈 보게 될 거요

꽃비 내리면

하얀 얼굴에 연분홍 가슴 꼭 거머쥐고
하늘을 날아 너울거리며 내리는 빗방울

이마를 지나 내 두 눈동자에 맺히고
내 가슴을 파고드는 봄빛 그리움의 무늬

떨어뜨린 눈물만큼 성숙해진 첫사랑
몰래 숨결 속에 숨겨둔 흉터 하나 보인다.

봄, 바람결 타고 춤추는 벚꽃

연분홍 바람 덩실대니
스치는 사내의 가슴 뜨거워

꽃잎 하나 구름 되어 창공을 비행하다 남실
뭍으로의 현란한 낙하, 그리고 바람타고
나뭇가지를 타고 지붕의 예배당 종각 위에
발을 내린다.

새벽종소리에 깬 아침햇살의 청량한 눈동자
나비의 날갯짓과 일곱 난쟁이 이야기
아무도 모른다 간밤에
피고 지고, 울고 웃던 시악시의 가슴앓이

가지마다 어둠의 적막이 불태워지면
분홍실핏줄에 뽀얀 속살
떨어진 움터마다 예쁜 새싹 돋아나니

오늘은 열아홉 화사한 외출의 날
분홍빛 설렘이 시작된다.

봄비

겨울의 막다른 골목
빛이 차단된 사색의 지하감옥 안

얼어붙은 이끼에 이슬 앉아 놀면
분수처럼 일어서는 팽팽한 발정기

가지가지 매듭 확 풀어 제치면
빗방울 꽃대공 물고르를 틔운다.

장미

오월의 아침은
장미향기 머금은 소녀의 미소
어둠 속 장미는
밤새 이슬에 세수하고
해 뜨는 공원에서
속삭임으로 산책하지요

미치도록 사모하는 사람들
오월에는 널 찾아오리라
분홍빛 각시 마냥 기다림에 콩닥이던 가슴
염불소리 목탁소리에
톡톡 봉오리 터트린다

한 송이면 족하리라
그대 가슴을 붉게 물들이고
가시만 남은 그 자리에 혼자 남으리라
향기도 잃고 살조차 찢어지는 상처 조각으로 남아도
눈 감은 그곳엔 언제나
푸른 초원 가시 담장 너머로
빨간 장미 한 송이로 피어나리니

오늘도

향기 그윽한 세월의 도전장을
미련 없이 펼쳐보자
내일
그대의 가슴을 오늘처럼 뜨겁게 데우지 못한다 해도
그대 맘 깊은 곳에 붉디붉은 꽃 한 송이 피우리라.

4부

여름 여자

여름 여자

요염한 태양을 품고
땀구멍마다 사랑을 심던
그 여자
불처럼 괴성을 지르며
철썩대는 그를 꽉 안고
행복해하던 여자

여름이면
버선발로 뛰어 나와 반기던
그 여자
불덩이처럼 달아올라
가지마다 배롱꽃 되었다.

갯 메꽃

칠포 해수욕장에서 첨 만났어
모래사이로 분홍 입술 내밀어
슬쩍 내 맘 앗아 간 너

날마다 창문 열면
푸른 바다 보이고
빌딩 숲속엔 갈매기 소리 가득

밤새 별과 달이 모래 위를 범살 넘고
쫑긋 세운 두 귓속엔 파도소리 철썩
아침 해 품은 넌 내 사랑 모래꽃

옛집

이천동 재개발지역
스물일곱 평 한옥에는
이십칠 년 된 무화과나무 있었다

여름 한철 툇마루 밑 댓돌 위
빨간 플라스틱 바가지엔 언제나
어머니의 맘처럼 꿀물 흐르는
무화과 가득 채워져 있었지

그 집 두고 먼 길 떠나시던 날
가다가 돌아보고 또 돌아보시며
못내 눈물 훔치며 바라보시던 나무
십년이 훨씬 지나 다시 찾은 옛집

대못으로 굳게 닫힌 대문
기왓장 사이로 나뭇가지 마다
무화과 주렁주렁 날 반기는데
나도 모르게 가슴 속 소리 없는 눈물
어미를 그리워하는 불효자의 꿈인가
넘을 수 없는 담장인가
무화과나무만 환하게 미소 짓네

나비 꿈

하도 더워서
낡은 창고 안으로 들어서니 모서리 벽에
잠자리 한 마리 두 손 모아 기도하고 있다

벽 모서리에선 거미 한 마리 허공을 타고 날며
꽁지로 연신 끈끈이 줄을 뽑아
육각 그물을 치고 있네

그 놈 큰 날개 활짝 펴고 하늘 높이 높이
구름어께를 맞대고 바람손 잡고 햇살타고 놀았겠지

따가운 햇살 피하려고 날아든 창고 안
예정된 기다림의 나선형 함정에 걸려들고

배부른 포식자는 내일을 위해
체액을 미련 없이 미끼에 뿌려둔다

여름을 날아 하늘을 품던 놈
이제 선택은 하나
멈춰버린 날개를 햇살로 잘라내면 자유다

찰라

구름 속을 헤집고 잠자리 한 마리 날아올랐다
땀으로 잘려진 반쪽 날개를 활짝 펴고서

아니다, 이 놈은 나비다
나비 한 마리 햇살 타고 태양을 품고 있다

유월과 수련화

수련이 밤새 수런거리는 소리
너털 구름 사이로 열리는 다섯 잎
노란 빛줄기 텅 빈 가슴에 들어와
흰 꽃잎 깔고 노란 수술대 하늘을 본다

손을 내미는 소리
수렁과 물 사이에서
아침마다 활짝 미소 지으며
여름 마실 나오듯이
손바닥 스윽 내밀어
파란 하늘 거머쥔다

유월과 수련화는 노란 게으름뱅이다.

여름 숲속

여름 숲속은
천둥과 번개, 태풍과 거센 바람이
서로 부비고 할퀴고 찢고 멍들고
그렇게 열불 내고 있다

달과 별은 어둠의 가지에 걸려
밤새 끙끙 앓았고

어둠 속에서
서서히 이빨을 드러내는 이리떼

산새 소리에 떡갈잎이 술렁대고
초록의 반란은 여름을 더 뜨겁게 달군다

달맞이 꽃

해 뜨면 눈 감고
바람 불면 등 돌리는
그대 온기에 설 잠들며
기다림에 몸부림치는 뜬구름

해 지면 살며시 눈떠
천천히 다가오는 그대 손길
연노랑 앞치마로 얼굴가리고
와락 안기며
수줍어 수줍어서 말 못하고
고개 돌린다.

마지막 여름

무화과가 자줏빛에 영글면
장미꽃이 붉게 타오른다.

꿀벌이 쉼 없이 바쁘고
밥상 위의 여름을 즐기고 있는 파리 한 마리

산딸기 마냥 통실해진 뙤약볕 사이로
짧아진 치마는 허기진 봄소풍의 기억이다.

텅 빈 가슴 새로 바람이 분다
가을 바람이 아니다
활활 타들어가는 사내의 마지막 여름의 무덤 속
칼처럼 베어지는 여름을 조금씩 들여 마시는 소리다.

능소화

곱게 곱게 자라
초록 치마 걷어 올리고
꽃 한 송이 피우러
높은 담 여린 맘 기어올라
가지 끝으로 구름 한 자락
부여잡고 한숨짓는다

어이 할 수 없는 첫 정에
뙤약볕 가슴에 품고
훌쩍 구중궁궐 담을 넘는다.

여름

하늘, 바람, 구름, 태양과 바다,
종갓집 맏며느리 열불나는 시집살이가 있다

태양을 등에 업고 날아오르는 고추잠자리와
한낮의 소나기 내린 뒤 어김없이 찾아오는 매미

그리고 앙증맞은 주름치마 입은 꼬마요정들이 모여 있는
분 바른 목덜미가 이쁜 보라색 진분홍꽃잎인 배롱나무가 있다

화단 속 맥문동 꽃그늘 길어지면
열아홉 살 가시내의 속병일랑 어이 달랠까나

볕에 그을까 분바르고 분홍치마 입고 선 배롱가지 끝에는
열어젖힌 주름치마 속 벌들은 마냥 즐겁다

어느 바람 부는 날 석양빛 따라
먹구름 사라지면은
노란 꽃술 아래 영그는 씨방 속으로 보름달이 훤히 뜬다.

5부

가을 편지

가을 편지

가을이
감나무를 흔들면
잘 익은 감잎 하나
뚝 떨어진다

밤새워 쓴 잎새 편지
아침 이슬에 곱게 넣어
찬 서리로 봉해서
그대 꿈속으로
등기 한통 전해주는 바람

주홍글씨가
감나무 가지마다
주렁주렁 달렸다

가벼워야 구름이 된다

보인다
가을과 겨울 틈새로
바람이 심통 부리면
나무는 잎과 껍질 떼내며
제 몸 지키는 것을

산새 유난히 노래하던 날
떨어져 가벼운 것들은
바람이 되어 하늘로 날아올랐다

바람 따라 쉼 없이 변해가는 구름 얼굴
세상 한쪽 기대서서 하늘은 껄껄 웃는다.

바람이 불면

바람이 불면
나뭇잎은 허우적거리다
하나 둘 떨어지고
잎 떠난 그 자리엔
파란 생채기 돋지만
낙엽은
찬 서리 비바람 맞으며
아래로 아래로 굴러간다

바람은 쉼 없이 새 길을 연다

깡그리 비워낸 앙상한 잎은
당당하게 혼자서
언덕 위로 기어오른다.

빈자리

사랑하던 둘
그러다 하나가 떠나갔어요
가버린 빈자리엔 슬픔만 가득 찼지요

하나의 눈 속엔 미련과 방황이 매달리고
가로등 아래 슬픈 사랑 얘기는 하루살이일 뿐
하나는 영영 돌아오지 않았어

새벽바람에
꽃잎들은 아침인사 나누고
개울가 갈대는 기지개 펴고
코스모스는 가을하늘 구름을 유혹하는데

오늘은 은행잎이 날아와 그 자리에 앉습니다
여름 볕에 찌들고 고약한 냄새 풍기지만
노부부의 망태기가 채워질수록 웃음소리 가득 차니
하나의 빈자리엔 파란 은행잎이 돋아났습니다.

와온 해변에서

해가 종일 머물던 자리에
낮달이 찾아오면
저녁 구름 산등성에 길게 누워
손 내밀어 빈 가슴 빗장 끌러놓았네

와온 해변에 황금 노을 내려앉고
먼 길 떠난 바다 그리워하는 갯벌
그 질퍽한 기다림이 시작된다

바다를 사랑하는 작은 물길
갯벌 가로질러 한 발 한 발
얼마나 멀리 갔을까
돌아보다 굳어버린 황금 노을
아비 위해
공양미 삼백 석에 팔려가는 심청이
돌아보고 또 돌아본다

저기 바닷길 열리는 은빛 개펄에
뻐끔뻐끔 울음을 토해내는 기다림
실개천 따라 내 맘 길게 휘어져 굽이치는데
자줏빛 칠면초는 바람결에 두 손 흔든다.

처서

여보게 철한이
오늘이 처서라네

어제까지 참 덥기도 했지?
자네
더워서 땀 많이 흘렸지
이제
새벽 공기가 찰 걸세

산자락 청포도도 탱글해지고
들녘 벼 이삭도 고개 숙이니
부디
잘 지내시게나

내년에 한 살 더 먹거든
배롱치마 곱게 입고
또 보세나.

산 능금, 그곳에는

청송 골짝에 청 초록 오월 빛 들어와
높은 산 맑은 하늘 구름꽃 피우고
하얀 꽃바람 모정 듬뿍 날리우면
도시로 간 아들 녀석 안부편지 온다
칠팔월의 땀방울 가지마다 매달려
보조개 쏙 분홍 살결 정겨운 미소 지으면
시월 고갯길 넘는 나그네 쉬어 가렴아
맛있고 인심 좋은 능금향 가득한 고향
새콤 달콤 시원한 속내 익어가는 과수원엔
어머님의 환한 미소와 저녁노을이 가득하다네

가을비 나리면

비가 오려나
가을비 나리면 오렌지 빛 여름도 식혀지겠지

회색 하늘도 고개 숙여 상념에 묻혀있고
바람결에 숨어버린 당신의 초상은 누구

하늘이 멀리 높게도 도망쳤네
낙엽처럼 먹구름 하나 바람에 실려 내리면

맨가슴 하나 타고 또 타다 재가 되어 씻기거든
바다와 맞닿은 칠포로 뜰채 들고 길~떠나자

시이소오

가을이 떠난 그 자리에 단풍잎 하나
새벽녘 서리와 마주보고 앉았네

얼룩진 날의 선명한 잔상들
봄비에 씻기고 여름 살에 앙상해진 줄기
실 줄기 속 기억들이 아우성칠 때면
깃 세운 하늘이 멍들고
잎사귀는 훌쩍 날아오른다

새벽 두시 반
아무도 찾지 않는 공원 시이소오
잎사귀 하나와 서릿발 몇몇
누가 더 가볍고 누가 더 무거울까

싸늘해진 그대의 미소에
어쩔 줄 모르는 나
덩그닥 덩덩 서릿발 늘어나니
난 어느새 이슬 따라 구름 타고
청 푸른 겨울 속 한 점 되었네.

순천만 갈대 너에게 묻는다

바다를 먹고 자란 잎 대궁
뭍으로 손 뻗어 실구름 부여잡는 날

은빛 깃털 해풍에 휘날리며
간드러진 허리로 봄 햇살 유혹하는
넌
밤하늘 별을 헤는 파도를 닮았다

발아래
갯터널 뚫고 나온 짱뚱어와 벌게
나는 듯 뛰기도 하고
앞으로 가듯 옆으로 가는구나

곧은 외줄기 무리
잎사귀는 청빛 당당히 하늘을 이고
거친파도를 잠재우는데

듣고 봐도 깨닫지 못하는 사람
짱뚱어랑 게처럼
등 날개 활짝 펴고 옆으로 걷다 보면
밤하늘 은하수 넘실넘실
순천만 갈대 너에게 묻는다.

6부

겨울나무

겨울나무 1

찍찍 갈라 터덕터덕 떼서
묵은 때 아낌없이 쏟아내면
나이테 하나 속살 채우지
하늘은
더 파랗게 나무를 감싸 안는다

햇빛의 온기가 사라지기 전
겨울나무 가지는 잘려 나가고
잘라낸 만큼
내 허물도 벗겨 내리라

온종일 먹고 마신 것들
비워도 비워도 앙금으로
가라앉은 것은 뭘까

검붉은 노을을 쏟아내는 저녁
두메산골 오두막굴뚝 연기 오르고
겨울나무는 가을을 베어내고
나는
하루의 허물을 벗고 하늘을 품는다.

겨울나무 2

사계절 미련의 찌꺼기 잔뜩 걸치고
흩어진 잎과 부러진 구름 가지로 섰다

흰 눈으로 근심 · 걱정 씻어내고
눈보라 찬 서리 두 팔로 안고서
호주머니 속 말아 쥔 손가락 열
크게 한번 움켜쥐어봐

무언의 몽상가처럼 이마주름 쭈욱 그리면
가지마다 눈꽃 피어 초록 날개 푸득
피라칸다 앵두 입술 양떼구름 부른다.

복수초

청 푸른 하늘 밑
알 수 없는 사랑의 언약이 오고 가는 길
죽어서도 지워지지 않는 사연들 모여
꽁꽁 얼어 울음 멎은 얼음 바위 틈새

어느 누가 알까
얼음 깊이 숨었구나
외진 골짝 눈 속 얼음 깨고
푸른 잎 찬바람 불기 전
꽃 한 송이 피웠네
오직 그대 딱 한 번만 보려고

얼음꽃

겨울 아침
산바람 강바람 씨앗 틀어
얼음 가지 뻗으면
묵언 스님 남루한 장삼 소매같이
허허로운 시냇가
조약돌 사이사이
하이얀 꽃잎이 너울너울

갈대 무성한 실개천 빛살에
수정 궁궐 곳곳엔 개나리 진달래
토끼 사슴 까두리 얼음꽃
까르르 웃음꽃 만발하네

회색 하늘

아침부터 온통 회색이다
안개 낀 고속도로 변
신천강물 위로 피어오르는 물안개

출근길 사람들 손에 우산이 들려있다
회색빛엔 노란 우산이 어울리지
눅눅한 기분 활짝 길이 펼쳐진다네.

회색, 겨울 하늘이 날 본다
긴 굴 빠져나온 열차 속 두 눈은
언제나 잿빛 태양 담고 있다.

겨울 숲

모든 것 다 주고 몸 하나
하늘 아래 턱 앉아 있지

봄 초록 풀 여름 장미 갈 낙엽 겨울눈
그 아래 소리 없는 꽃과 덩굴 살아

이름은 없지만 부르면 미소 짓는 너는
어미의 젖가슴 물고 잠든 아기 입술처럼
뽀시시 설레게 하는 시간이 바로 지금

달 꽃의 온기로 새벽을 열고
크고 작은 바람이
아래로 아래로 가는 것은

아!
청색 하늘 꽃 구름 삔 꽂고
잃어버린 시간과 빛바랜 일기장 모여
너럭바위 위에 바람처럼 앉아 쉴 때
잠든 잎들 들썩대는
겨울 숲은 삶의 대합실이다.

칠포

겨울 바닷가
매섭고 시린 바람 분다
두 손 주머니에 찔러 넣고
오징어배 기다리는
노모의 뱃가죽

쏴하게
모래집 지어놓고
스르륵
못 본 척 뒷짐 지고 가버린 시간
초승달
산자락 솔가지에 턱 걸려
파도를 탄다

시린 발가락 끝에
새벽이슬 내리면

첫눈 오던 날
손바닥 비벼 볼 데워주던 그 사람
오아시스 별 셋 찾아 빗금친 사람

칠포야! 모래집에

달빛 곱게 들거들랑
솔바람 그님인양
맨발로 맞아 주렴아.

겨울 편지

눈 오는 날
하늘에 편지를 써
바람 붓으로 구름을 묻혀
꽃송이 그리고 함박눈 씌우면

종이 속 미소 짓는 글씨들 뽀드득
곁 눈질 시샘하는 동백꽃 쏘옥 혀 내민다.

벼랑 끝에 선 겨울나무

산다는 건 하늘처럼 시리고
솜털 같은 나날 바람에 흩어지는 구름 같다고
아침 해 앞산을 짚고 서듯
달님 따다 불 피워 겨울나면 그만이지

고래구름 타고 놀자
꿀벌구름 꽃 구름하고 얼싸안고 놀자

겨울 바람 불고 낙엽이 하늘로 날아오르는 날
사르다 새하얗게 가슴이 노을에 물들어도
제 분에 못 이겨 쓰러지는 갈대의 가증스런 종말
그 말년의 속 대공에 내가 들어가 소리가 된다
소리는 은빛으로 저녁놀을 삼키고 한 줌 재로 변한다.

어둠이 달빛에 씻겨 검정을 게워낼 때쯤
삶은 벼랑 끝에서 눈물을 훔친다
눈물 자국을 뚝뚝 밀어내는 겨울나무가 된다.

한나절 뿐인 걸

겨울의 뒤안길에는
얼었던 강물이 풀리고
틈틈이 멈췄던 것들이
꼬물대기 시작한다

개살굳던 눈 비 바람도 이젠
어쩌질 못한다
지는 노을 가슴 한쪽 베어낼지라도
내일 아침 희망으로 채워지기에
오늘같이 추운 밤 몇몇쯤이야

허허
어차피 인생은
한나절 뿐인 걸

7부

부메랑

부메랑

아침에 눈을 뜨면 늘 활처럼 굽은 내가 있다

어제 던진 나는 아침이 되어 태양의 파편을 안고 돌아왔지

대지의 풀잎 위를 지나 오늘도 나는 튕겨난다
들에 가서 일도 하고, 들에 핀 꽃도 보고, 새참도 먹으면서
돌고 또 돌아, 그렇게 한쪽으로만 돌고 돌다 보면
산허리 휘청 휘돌 때쯤 해서야
도랑 따라 슬슬 노을을 삼키며 집으로 왔지

소곤대는 자연의 물결소리가 들려오고
아름다운 선율의 풀피리 소솔거리며 반기는
노래하는 별들의 합창소리에 눈 감기는
달빛 좋은 봄밤이 되어 돌아왔네

각진 가슴팍에 스멀거리며 사랑의 뿔이 자라고 있다
잠자는 해맑은 이슬 되어 둥글게 휘돌아 가슴에 안기는 또 다른 나
내일은 더 멀리 던져지겠지
달려가는 구름조차 깜짝 놀라 되돌아올 만큼 큰소리로 나를 던져버릴 거다

연애

철썩철썩
차르르 차르르

모래밭 기어오른 바다 녀석
냅다 꽂았다 빠지면서 연신
게거품 뿜어 대는구나

덩실덩실 파도 타고
자지러지는 신음소리

아무런 말도 생각도 하지 마라
그냥 이대로 안고 놓지 않으리

철썩철썩
차르르 차르르

구멍 난 밤하늘 별들 훔쳐보네.

뼈의 도시
— 새도우 헌터스를 보고

뭍으로의 긴 여행 끝에는
순례의 마지막 의식만 남겨두고 있다
칼로 살을 가르고 뜨거운 생명수 짜내면
앙상한 뼈만 남는다

도시의 살을 조금씩 먹어치우는 악마
건물들은 힘없이 쓰러지고
철근들만 앙상하게 하늘을 원망하지
그러다 악의 횃불에 숲마저 태운다

갈기갈기 찢어진 도시
곰과 이리떼가 할퀴고 떠난 뒤
주인 없는 뼈들만 가득하고
검은 하늘 거센 바람
분노의 바다만 가시나무를 핥고 있다

더 이상 먹이가 없는 뼈의 도시
바다를 유영하는 고래의 꿈이 시작되고
신비의 모탈잔에 천사의 피를 마시고
악마사냥의 운명을 갖기 위한 치열한 몸부림
뼈의 도시가 모탈잔을 들고 구원의 생명수를 마신다.

야산夜山

뜨거운 해 가슴에 품어
검붉게 타들어 간 너는
달을 베어 먹던 태고의 거인인가

스스로 가슴을 열어 젖줄을 내주던
화사한 검정 치마 입은 귀공녀인가

귀 기울여 널 핥으면 단내가 나
비밀스레 두 손을 집어넣는다
두근대는 심장 더 이상 들리지 않아

속에서 속으로
뿌리에서 뿌리가 쉼 없이 솟아올라
아침의 햇불에
네 환한 속을 활짝 열어젖힌다.

어둠 속 빗소리

비가 내린다
새초롬해진 가을빛이
가랑비에 젖어
노란 얼굴 붉게 물들이고 간다

어제까지 꿈꾸던 구름 꽃은
비갠 하늘 노 저어 노닐고
오늘 밤
어둠에 씻긴 빗소리 하나 둘
겨울의 문턱을 넘어오는 잎새
내 가슴을 흠뻑 적시고 있다.

낙엽, 비, 바다

숲엔 모양과 크기가 다른 잎이 살고
나무는 모두 다른 색으로 키를 재며 살아

단풍잎 물들면 피 멍든 속내 꺼내다
비에 훨 띄워 강으로 보내고
오욕칠정 숱한 비늘들 후둑 털어
바위로 치고 흙으로 걸러 바다로 간다

바닷가 언덕 위
거기도 꽃 피고 새가 울지
갯바위에 앉은 파도는 노래하고
밀물과 썰물 사이엔 새하얀 꽃 피운다고

그렇게 흐르고 흘러 바다가 되고
가을바람 설렁설렁 부채질하면
때 묻은 가슴들 부벼대는 숲속 얘기에
서걱대는 모래의 춤사위로 푸득푸득
갈매기 떼 파도를 탄다

소멸

아침은 일어나 벌써 하루를 만드는데
여름은 게을러서 왜 땀 흘리며 뛰는가

가을은 멀고도 먼데
저녁놀은 푸르기만 하여라

아픈 사람아
그리워할 사람아

겨울은 멀고도 머언 고행의 길이건만
환하게 하얀 국화 속에서 저리도 미소 지어 가는가

아침의 반란

새소리가 들려
축 처진 눈꺼풀이 긴장의 끈을 당긴다

어둠을 물어 죽인 아침이 유유히
환한 미소를 지으며 칼날을 높이 치켜들고 있다

멈칫 두려움의 세포들이 피부의 솜털들을 떠밀고
얼룩진 이불 속의 숨었던 나를 내몰아 쫓는다

새소리가 난다
여기는 아파트 15층인데

그럼
누가 떨어지고 누가 날고 있는가
환한 아침의 칼날 위에서

단벌 신사

동해안 쪽빛 바다
몸뚱이 맡기고
거센 바닷바람 아랑곳없이
누더기 옷 한 벌에 부끄럼이 없다

사람아
여름날엔 솔바람으로
겨울날엔 벽난로처럼
널 위해 기꺼이 빌려주리다

내가
사랑할 수 있는 그날까지.

만나야 한다면 그러하겠지요.

만나야 한다면 그러하겠지요
만날 수 있다면 그렇게 할 겁니다
우리의 만남 애타게 부르는 바다노래
가을 갈대 비벼대는 화답으로
소리 내어 묵묵히 사랑하고 싶습니다.

그 사람 만나면
잡을 수 없던 그 사랑 만날 수 있다면
소리 없이 그 가슴에 기대여
어린 날 살얼음 걷던 그때 그 떨림으로
심연의 흥겨운 노래 심어주고 싶습니다

8부

그냥 좋아서…웃지요

그냥 좋아서…웃지요

누가 묻으면
그냥 좋아서…
웃지요

저기 보이는
하늘과 땅
그리고 그 사이 몽땅 다

왜 좋으냐고
내가 볼 수 있어서
날 보고 있어서
그래서

그냥 좋아서…웃지요.

저수지

모두 다 그 속에 있네
아무도 모르게
얼마나 깊은지 넓은지
하늘도 구름도, 산과 들
은하수까지 흘러드네

데칼코마니 속
비밀의 정원에서
꽃과 나비,
벌들의 무도회가 열린다

고요한 표면장력을 뚫는
반란의 움직임, 갇힌 자의 갈망
그것은
그들만이 꿈꾸는 일이 아니다
준비된 침묵의 비상 예보

저녁노을
그 황홀한 자태에 차오르는
붕어의 힘찬 몸부림.

팔조령 안개

새벽 여섯시 팔조령은 바다가 된다.

멀리 북극성 반짝거리고
팔조리 굴뚝마다 김이 오르면
회색 바람 무당벌레되어 풀숲 헤맨다

갈매기처럼 쉼 없이
산을 쪼아대는 먼동 빛 무리가
감물처럼 물들면
조각 섬 하나 둘 알알이 씻어내는 흰 물결

고갯길 모퉁이 어디쯤
딱따구리 똑똑 해를 쪼는 소리 들리네.

반달

밤하늘에 달이 떠 있네요
어둠의 먹이로 반을 잃은 반달이
엉엉 울어서 눈이 퉁퉁 부어있습니다.

보이지 않는 반쪽을 기억하나요
마주 보고 있을 때에는
보고픔으로 목이 메였었는데

감나무가지에 앉아 생각합니다
반쪽의 반은 언제나 보름이었다고
반달이 있기에 반달이 더욱 환했었다고

맘의 빗장을 열어 제칩니다
간절한 그리움이 어둠을 뚫고
불새처럼 어둠을 삼키며 새벽을 차오른다.

강가에서

강에 물고기 잡으러 가서
그물을 활짝 펼치면

바삐 가던 물살 몇 퍼뜩 거리고
종아리 뒤에 매달린 물거품 연신
살려달라 야단법석

피리 두 마리 미꾸라지 세 마리
뜯겨져 올라온 물풀 한 움큼
잘 생긴 짱돌 하나 넣어서
강물은 그물을 밀어낸다

누가 강물이고 누가 물고긴가
그물 속 송사리 한 마리
잡힌 줄도 모르고
온종일 노닐다 해거름
산 품은 저녁놀 주홍 물결일 때면
그물 속 강물은
귀밑부터 홍조라네.

구화口花

꽃이 피네.

희노애락 송이송이
마음따라 여기저기

빨강 노랑 파랑
이쁘게

이른 아침
그대 뜰 앞에
이슬 털고 핀
제라륨 가득.

길이 있어서

세상에 참 길도 많다
여기 저기, 오르막 내리막
가다 보면
좋은 길, 나쁜 길도 나온다

가다 힘들면 쉬어가자
수양버들 아래
추억도 하나 묻어놓고
또 가다 다리 아프면
그늘 아래 가방 풀고
오늘 보다 나은 내일을 여는
이정표 하나 달아놓자

오늘처럼 내일도
밤 하늘 별을 보며
멋진 꿈 한번 열어보자

광한루 연가

향아
그리우면
버들가지 살랑거리는
오작교로 오너라.

은빛 잉어 노닐고
쪽빛 그늘지거든
한걸음
달빛 밟고
별들 그네 뛰는
광한루로 오너라.

내 머무는 곳

가는 길 어디인가
저녁놀은 저리도 붉기만 한데
잠시 머문
자리마다 접시꽃은 저리도 기다리는데

사방팔방 갈 곳은
많고도 많건만
그대 환한 기다림에 걸려
가던 길 멈춰 설 때면

어두운 밤길
불씨 하나 가슴 깊이 품고 있으니
별과 달, 그리고
구름 한 점 떠 가는구나

사랑하는 사람은 정녕
밤하늘 회색빛 연민인가
비췻빛 바다를 여는 모세의 지팡인가

내 머문 이 자리가
그대의 평온한 자궁 속
보금자리인 것을
안다

밧줄

이른 아침 햇살 줄기로 거울 앞에 서면
바람 부는 대로 기대선 부대끼는 잔주름

얼마나 빛바랜 머릿결만 보고 살래
이만치 떨어져 서로 바라만 보고서서

잎 푸른 가지마다 각질 일어나듯 속살 채우고
가르마 타고 목덜미 길게 계절을 부여잡는다

가만
귀 기울이는 가을 들녘 끝에서
집 단장 준비에 여념 없는 밧줄

두 손 모아 한올 한올 서로 얼싸안고 돌고 돌아
어느덧 오막살이 지붕을 한 아름 안고 있네

가슴 언저리 저리도 시린 잔뿌리들 감싸고
가는 세월 푸하고 뿌리면
끊을래야 끊을 수 없는 하늘 허리 꽁꽁 동여맨다네.

해설

삶, 구체성 그리고 자연

황정산 대전대학교 교수 · 문학평론가

삶, 구체성 그리고 자연

황정산 대전대학교 교수 · 문학평론가

자연은 모든 생명들의 근원이고 우리 삶의 원천이다. 그러므로 그것은 거대하고 원대하고 영원한 존재이다. 때문에 자연은 인간의 손이 미치지 못하는 신의 영역이기도 하다. 하지만 그 자연을 우리 인간들이 어떻게 인식하느냐는 시대에 따라 사뭇 다르다. 동양의 전통적인 사상에서 자연은 그 자체가 세상의 이치였다. 곧 자연에 순응하는 것이 하늘의 도리를 실천하는 것이었다. 반면 근대 서양에서의 자연은 철저히 타자화된 자연이다. 근대인들은 자연을 인간과 분리하여 그것을 순치하고 개발하고 가공해야 인간과 세상의 행복을 높이는 일이라 생각했다.

하지만 탈근대가 운위되고 있는 현대 사회에서 자연은 또 다른 모습으로 우리에게 다가온다. 자연을 타자화하는 인간중심의 근대적 사고에 대한 문제제기와 환경보존의 필요성이 강조되면서 자연은 다시 새로운 의미를 가지게 된다. 하지만 포스트모더니즘 환경에서의 자연이 과거 전통적 세계관에서의 자연과 같을 수는 없다. 때로 혹자들은 과거의 회귀를 통해 근대를 넘어설 수 있다고 말하기도 하지만 그것은 시간을 거꾸로

돌리는 시대착오일 뿐이다. 그렇다면 이 새로운 시대에 자연은 우리에게 또 어떤 의미로 조명될 수 있을까?

근래에 들어 자연을 주제나 소재로 하는 작품들이 많아지고 있다. 대개 이러한 작품들은 목가적인 자연예찬을 보여주는 경우가 많다. 자연에서 안식과 삶의 의미를 찾으려는 이러한 경향들이 서정이라는 이름으로 또는 동양적 자연관의 회복이라는 의미로 다시 조명 받고 있는 것도 사실이지만 현실적 삶의 현장에서 분리되고 또한 현대적 감성으로 변용되지 못한 이러한 자연친화적 시들은 과거의 음풍농월을 크게 벗어나지 못하고 있다고 해도 과언은 아니다.

김소월이 「산유화」에서 "산에 산에 피는 꽃은/ 저만치 혼자서/ 피어 있네"라고 노래하며 인간과 자연이 이미 분리되고 있음을 말한 지가 아주 오래 전이다. 이렇게 인간의 삶이 자연과 거리를 가지고 또한 자연은 우리의 일상 경험에서 멀어지고 있는 현실에서 시에서 자연을 그리고 표현한다는 것은 사실 쉬운 일이 아니다.

이런 시대에 과거 조선조 사대부의 시조들에서처럼 자연과의 혼연일치를 노래하는 것은 시대착오적인 정서이거나 물레방아 있는 이발소 그림처럼 키치가 되기 십상이다. 그러한 자연은 실제로 존재하지 않는 자연이기 때문이다. 환경과 생태계 파괴에 따라 자연과의 또 다른 관계 설정이 새롭게 요구되고 있다. 그것은 인류의 삶의 존속과 관계된 치열한 문제이기도 하다.

김은수 시인의 이번 시집은 자연을 바라보는 새로운 가능성을 생각하게 해준다. 그의 시에 있어 자연은 회복해야 할 원형도 도달해야 할 피안도 아니다. 바로 지금 여기의 자연이다. 가령 다음 시를 보자.

강에 물고기 잡으러 가서
그물을 활짝 펼치면

바삐 가던 물살 몇 퍼뜩 거리고
종아리 뒤에 매달린 물거품 연신
살려달라 야단법석

피리 두 마리 미꾸라지 세 마리
뜰겨져 올라온 물풀 한 움큼
잘 생긴 짱돌 하나 넣어서
강물은 그물을 밀어낸다

누가 강물이고 누가 물고긴가
그물 속 송사리 한 마리
잡힌 줄도 모르고
온종일 노닐다 해거름
산 품은 저녁놀 주홍 물결일 때면
그물 속 강물은
귀밑부터 홍조라네.

—「강가에서」 전문

약간 동화적인 천진함이 묻어있는 이 시의 자연은 시인은 삶에 육박해 있다. 아니 시인이 자연을 삶으로 끌어들였다고 보는 것이 더 적절한 표현이다. 자연은 시인의 관념 속에서 존재하는 것도 아니고 과거의 기억 속에서 존재하여 끊임없는 회귀를 획책하는 것도 아니다 지금 이 순간 삶의 구체성 속에서 시인은 자연을 느끼고 있다. 그 느낌의 살아있음을 시인은 "귀밑부터 홍조라네"라는 구절로 아주 감각적으로 표현하고 있다.

자연을 감각으로 표현한다는 것은 아주 중요한 일이다. 특히 요즘처럼 자연이 우리의 삶에서 멀어지고 현실에서 그 자연을 생생한 감각으로 불러낸다는 것은 단순히 자연을 되살리고 보호한다는 차원을 넘어 우리의 삶의 방식을 새롭게 변화시키는 정서적 혁명 같은 것을 필요로 하는 일이다. 우리는 바로 이 변화를 김은수의 시에서 만날 수 있다. 가령 다음 시를 보자.

이른 아침 햇살 줄기로 거울 앞에 서면
바람 부는 대로 기대선 부대끼는 잔주름

얼마나 빛바랜 머릿결만 보고 살래
이만치 떨어져 서로 바라만 보고서서

잎 푸른 가지마다 각질 일어나듯 속살 채우고
가르마 타고 목덜미 길게 계절을 부여잡는다

가만
귀 기울이는 가을 들녘 끝에서
집 단장 준비에 여념 없는 밧줄

두 손 모아 한올 한올 서로 얼싸안고 돌고 돌아
어느덧 오막살이 지붕을 한 아름 안고 있네

가슴 언저리 저리도 시린 잔뿌리들 감싸고
가는 세월 푸하고 뿌리면
끊을래야 끊을 수 없는 하늘 허리 꽁꽁 동여맨다네.
—「밧줄」 전문

우리의 삶은 거울 앞에 서서 확인하는 잔주름 같은 것이다. 삶의 고통과 상처가 우리의 생생한 모습을 변화시키기 때문이다. 우리는 매일 그것을 확인하고 내 삶의 빈자리를 메우려고 한다. 그것이 욕망이 되어 우리의 삶을 더욱 힘들게 몰아간다. 그래서 결국 "빛바랜 머리결"로 "서로 바라만 보고 서"있는 소외되고 단절된 삶을 살아가고 있다. 현대사회를 살아가고 있는 대부분의 사람들은 바로 이런 삶의 조건에서 벗어날 수 없다. 그것은 마치 우리를 묶고 있는 밧줄 같은 것이 되고 만다.

그런데 시인은 바로 이 삶의 밧줄을 자연으로 변화시킨다. 그것이 오래된 초가집 지붕을 엮는 밧줄이 될 때 그것은 자연의 일부가 된다. "계절을 부여잡는다"고 표현할 정도로 이렇게 자연의 일부가 된 밧줄은 우리의 삶을 "서로 얼싸안고 돌고 돌" 수 있게, 우리를 서로 신뢰할 수 있게 만들어 주고 "시린 잔뿌리들 감싸" 줄 만큼의 사랑을 회복하게 해준다. 자연이 우리의 삶을 변화시킨 결과인 것이다.

이렇듯 우리의 삶을 변화시킬 수 있는 자연은 그것이 구체적 감각으로 각인되어야 한다. 도달해야 할 막연한 이념태나 추상이 아니라 우리의 일상에서 감각적으로 마주칠 수 있는 자연을 만난다는 것은 시인에게는 축복이고 그것을 읽는 독자에게는 새로운 경험이 된다.

여름 숲속은
천둥과 번개, 태풍과 거센 바람이
서로 부비고 할퀴고 찢고 멍들고
그렇게 열불 내고 있다

달과 별은 어둠의 가지에 걸려
밤새 끙끙 앓았고

어둠 속에서
서서히 이빨을 드러내는 이리떼

산새 소리에 떡갈잎이 술렁대고
초록의 반란은 여름을 더 뜨겁게 달군다
—「여름 숲속」 전문

보들레르는「만물조응」이라는 시에서 구체적으로 감각되는 자연을 노래하고 있다. 그는 자연을 신전이라고 표현하면서 시인만이 그 신전의 경전을 읽을 수 있다고 말한다. 하지만 그것을 읽는 것은 시인의 감각을 통해서이다. 냄새와 색깔과 소리라는 구체적인 감각이 이 모든 자연의 의미를 간파할 수 있게 해주는 매체라는 것을 말하고 있다. 시인은 말로, 의미로, 개념으로 세상을 파악하고 자신의 생각을 의미 짓지 않는다. 시인은 감각으로 세상을 파악하고 그 감각으로 새로운 언어를 만들어 내는 존재인 것이다.

김은수 시인의 시에서도 눈에 띄는 것은 바로 이 감각이다.

자연이 시인에게 의미 있게 다가오는 것은 그것들이 시인의 모든 감각을 채워주기 때문이다. 시인은 자연을 통해서 소리를 듣고 자연이 주는 색깔로 사물을 구별하며 자연의 활기가 근원적인 에너지가 되어 시인을 살아가게 만들고 있다. 위의 시는 바로 그런 근원적인 에너지에 감각적인 묘사이다. 뜨거운 햇빛이 구름을 만들고 비를 만들고 거센 태풍을 만든다. 달과 별로 표상되는 평온한 세상은 뒤집혀 진다. 하지만 이 반란의 에너지가 바로 자연이고 우리의 삶의 원천이라는 시인의 인식이 돋보인다. 어찌보면 상당한 지적인 사색을 통해 도달할 수 있는 이러한 결론을 시인은 구체적 감각으로 우리에게 아주 쉽고 생생하게 보여준다. "떡갈잎이 술렁대고" 있다는 구절은 아주 간단한 표현이지만 사실 많은 의미를 담고 있다. 거기에는 세상을 변화시키고 우리의 삶을 형성하는 원천적인 힘에 대한 묘사가 들어 있기도 하고 그러한 자연의 힘을 새롭게 인식하는 시인 자신의 내적 고백이 담겨 있기도 하다. 이렇게 김은수 시인의 시의 강점은 사변을 구체적 감각으로 변화시키는 능력에 있다고 할 수 있다.

똑같이 여름을 노래하고 있는 다음 시에서 이 점을 좀 더 분명하게 확인할 수 있다.

> 무화과가 자줏빛에 영글면
> 장미꽃이 붉게 타오른다.
>
> 꿀벌이 쉼 없이 바쁘고
> 밥상 위의 여름을 즐기고 있는 파리 한 마리

산딸기 마냥 통실해진 뙤약볕 사이로
짧아진 치마는 허기진 봄소풍의 기억이다.

텅 빈 가슴 새로 바람이 분다
가을바람이 아니다
활활 타들어가는 사내의 마지막 여름의 무덤 속
칼처럼 베어지는 여름을 조금씩 들여 마시는 소리다.

—「마지막 여름」 전문

이 시의 핵심은 마지막 구절에 있다. "칼처럼 베어진 여름"이라는 표현은 감각적이면서도 또한 새롭다. 왜 여름이 칼처럼 베어지는지는 이 시의 윗부분을 자세히 읽어보아야 한다. 시인은 자신의 심리를 "텅 빈 가슴"으로 표현하고 있다. 왜 자신이 텅 비어있다고 생각하는 것일까? 그것은 바로 권태 때문이다. 그 권태를 1, 2, 3연에서 자연의 감각으로 표현하고 있다. 무화과와 장미꽃이라는 여름 나무와 꽃을 들고 꿀벌과 파리라는 여름 곤충을 묘사하여 그것들을 봄소풍의 기억이라는 충만된 과거의 시간과 대비하고 있다. 여름이 모든 생명의 가장 꼭지점에 도달하게 만들어도 시인은 허기진 기억에서만 살고 있다. 삶의 상투성이 우리의 삶을 충만된 생명으로 만들지 못하게 만들기 때문이다. 그것이 바로 "텅 빈 가슴"으로 근원적인 이유이다.

여름이라는 자연의 힘이 가장 번성하는 바로 그 시간에 자연의 모습이 주는 감각을 떠올리는 것은 칼날이 베어지는 것 같은 감각적인 섬광을 필요로 하는 것이기에 시인에게 여름은 "칼처럼 베어지는" 것으로 표현될 수밖에 없었던 것이다. 그 감각의 예리함으로 시인은 자연의 힘을 다시 "들여 마시"고 자연의 소리를 회복하고 자연의 의미를 다시 자신의 삶 속으로 끌여 들인다.

그래서 도달한 곳이 바로 이 시집의 표제작의 제목이기도 한 "하늘 연못"이다.

보고 싶어 하늘을 본다
그리워 구름 타고 찾아가는 곳

절로 뚝뚝 떨어지는 설움
연못이 넘치면
비가 되어 나를 적신다

하늘 연못 참 크기도 하다
세상살이 모두 거기 있고
세상 얘기 사연들 헤엄치고 노는 곳

사랑할수록 깊어지고 넓어지고
사랑하기에 꽃들 숨 쉬고 노래하니
무지개다리 변함없이 내 맘 속에 놓여있다.

—「하늘 연못」 전문

하늘 연못은 시인의 꿈이고 이상이고 그가 도달하고 싶은 세상의 모습이다. 하지만 그곳에는 천국이나 극락처럼 영원한 행복과 지극한 아름다움만 존재하는 곳이 아니다. 세상의 "사연들 헤엄치고 노는 곳"이라는 표현처럼 삶의 모습이 그대로 들어 있는 곳이다. 그것은 바로 어떤 이념이나 학설이나 이데올로기로도 추상화되거나 훼손될 수 없는 구체적인 삶의 모습 바로 그것이다. 시인은 그것을 회복하고 싶어 한다. 시인이 하늘을 바라보고 이상을 떠올리며 꿈을 꾸는 것은 바로 이렇게 감각적 구체성으로 회복된 우리의 삶을 되찾고 싶기 때문이다.

그런데 우리는 이 구체성의 삶을 왜 상실하고 사는 것일까? 그것은 현대적인 삶이 우리에게 요구하는 숫자적 효율성 때문이다. 효율성이라는 이 숫자로 환원되는 삶의 가치평가가 우리의 삶을 구체적 감각과 살아있는 따뜻한 몸들의 생명으로 느끼게 하기보다는 추상과 상투화된 인식 그리고 권태로운 시간의 연속으로 살게 만든다. 시인은 거기에 저항해서 삶의 구체성을 회복하고 싶은 것이다. 하늘 연못은 바로 이런 시인이 도달하고 싶은 살아있는 삶의 공간이다.

물론 이 시집 하나로 시인이 이 "하늘 연못"에 도달했다고 말할 수 없다. 시인이 이 하늘 연못에 도달하기에는 아직 이르다. 그의 언어는 아직 지상을 떠돌고 있고 그의 감각은 지상의 조건을 넘어서고 있지는 못하다. 일상의 생생한 구체성만으로는 하늘의 경지를 만들지 못하기 때문이다. 자연에 말걸고 자연을 불러들이는 김은수 시인의 언어가 그것을 뛰어넘어 자연의 비의에 도달하기까지에는 아직 시간이 필요할 듯하다. 그럼에도 불구하고 그의 후속 작업이 기다려지는 것은 그가 보여준 감각의 구체성이 살아 있기 때문이다.

김은수

김은수 시인은 경북 의성에서 태어났고, 2003년 『시사문단』 신인상으로 등단했다. 한국문협, 대구문협, 의성문협, 경북문협 회원 및 달성문협부회장과 21세기 생활문학인협회 부회장으로 활동하고 있으며, 시집으로는 『모래꽃의 꿈』이 있고, 현재 북대구우체국에 재직중이다.
『하늘 연못』은 김은수 시인의 두 번째 시집이며, 그는 감각으로 이 세상을 파악하고, 그 감각으로 새롭고 싱싱하게 살아 있는 언어들을 만들어 낸다. 마치, "세상살이 모두 거기 있고," "사랑할수록 깊어지고 넓어지는" "하늘 연못"처럼, 그 감각의 크기는 무한히 깊고도 넓다고 하지 않을 수가 없다.

이메일 : kes6156@hanmail.net

김은수 시집
하늘 연못

발　　행 2014년 4월 1일
지 은 이 김은수
펴 낸 이 반송림
편집디자인 김지호
펴 낸 곳 도서출판 지혜
계간시전문지 애지
기획위원 반경환 이형권 황정산
주　　소 300-812 대전광역시 동구 선화로 203-1 2층 도서출판 지혜 (삼성동)
전　　화 042-625-1140
팩　　스 042-627-1140

전자우편 ejisarang@hanmail.net
애지카페 cafe.daum.net/ejiliterature

ISBN : 978-89-97386-90-1 03810
값 9,000원